W0245594

DISTEL
VERLAG

Joaquín Baquero

Soy de una isla
Poemas de Cuba

Gedichte aus Kuba
Ich bin von einer Insel

Aus dem kubanischen Spanisch
von Martin Franzbach
und Monika López †

Distel Verlag

© 1996 by DISTEL VERLAG,
Sonnengasse 11, 74072 Heilbronn.
Alle Rechte vorbehalten.
Druck und Bindung: Fritz Steinmeier, Nördlingen.
Umschlagentwurf: Jürgen Knauer Heilbronn.
ISBN 3-923208-38-3

Inhalt

A la memoria de mis abuelos
María Christina Ríos,
Celia Núñez y Joaquín Baquero

Zur Erinnerung an meine Großeltern
María Christina Ríos,
Celia Núñez und Joaquín Baquero

SOY DE UNA ISLA

Soy de una isla
donde la gente se ama ruidosamente
y las guaguas van cargadas de gestos

soy de una isla
donde el sol aparece por las cuatro esquinas
por eso soy de una isla

El Guayabero y Cayamba me acompañan
tengo el monte crecido entre las venas
de congo y carabalí
por eso soy de una isla

soy de una isla
donde las líneas del amanecer
se confunden con los pájaros
los hombres conversan
apurando la taza de café
las mujeres reclaman
en la subasta pública de sus grandes amores

soy de una isla
donde el amor y la ceiba
donde el sol
donde un orisha

por eso soy de una isla.

ICH BIN VON EINER INSEL

Ich bin von einer Insel
wo die Menschen sich geräuschvoll lieben
und die Busse mit Gesten beladen sind

Ich bin von einer Insel
wo die Sonne an den vier Ecken auftaucht
Deshalb bin ich von einer Insel

El Guayabero und Cayamba[1] begleiten mich
ich habe den Wald in den Adern
der aus Congo und Carabalí[2] gewachsen ist
Deshalb bin ich von einer Insel

Ich bin von einer Insel
wo die Linien des Tagesanbruchs
mit den Vögeln verschmelzen
Die Menschen plaudern
und leeren ihre Kaffeetassen
und die Frauen versteigern ihre großen
Liebschaften öffentlich

Ich bin von einer Insel
wo die Liebe und die Ceiba[3]
wo die Sonne
wo ein Orisha[4]

Deshalb bin ich von einer Insel.

---

1 Folkloristische kubanische Sänger
2 Ethnische afrikanische Gruppen
3 Wollbaum
4 Afrokubanischer Gott

SOY UN GESTO

Soy un gesto
una palabra de amor
a veces
una palabra de odio

soy la lluvia tan fina
a veces
un torrente de agua viva
arrastrando boleros
mangos
fondos de botellas
que se revientan bajo el sol

soy un gesto
una calle llena de gritos
exageraciones
frases a la mitad

somos una mitad
estamos a la mitad de todo

soy un gesto
alacrán de tránsito
entre el guaguancó
y las luces que mueren dentro de mí.

ICH BIN EINE GESTE

Ich bin eine Geste
ein Liebeswort
   manchmal
ein Wort aus Haß

Ich bin der ganz feine Regen
   manchmal
ein Schwall lebendigen Wassers
der Boleros[1] mit sich reißt
Mangos
Flaschenböden
die unter der Sonne bersten

Ich bin eine Geste
eine Straße voller Schreie
Übertreibungen
halber Sätze

Wir sind eine Hälfte
wir sind in der Hälfte von allem

Ich bin eine Geste
ein Skorpion des Übergangs
zwischen Guaguancó[2]
und den Lichtern, die in mir sterben.

---

1 Romantische hispanoamerikanische Lieder
2 Volkstümlicher kubanischer Tanz

CIUDAD ÚNICA

Amo esta ciudad
de madrugada flor
boca entreabierta
por donde escapo al sueño
cruza la calle un hombre hacia el Malecón
una mujer lo reclama con turbante amarillo
lo acaricia con la mano de Ochún
frente al coro de niños que chapotea el agua

amo esta ciudad donde no nací
piel negra
piel blanca
mi propia piel
la dignidad de sus muros
manos oscuras por donde corren venas de luz
senos cubiertos de hojas al amanecer

la única ciudad donde me quiero morir.

EINZIGARTIGE STADT

Ich liebe diese Stadt
Blüte der Frühe
halbgeöffneter Mund
wo ich in den Traum entfliehe
quert die Straße ein Mann in Richtung
    Malecón
eine Frau mit gelbem Turban winkt ihm zu
streichelt ihn mit der Hand von Ochún[1]
vor einer Kinderschar, die im Wasser planscht

Ich liebe diese Stadt, wo ich nicht geboren bin
schwarze Haut
weiße Haut
meine eigene Haut
die Würde ihrer Mauern
dunkle Hände, in denen Lichtadern fließen
Brüste, mit Blättern bedeckt im Dämmern der
    Frühe

Die einzige Stadt, wo ich sterben möchte.

---

1 Ochún ist die afrokubanische Gottheit der Liebe, Schönheit und
  der schönen Künste; ihr sind Flüsse und Wasserfälle geweiht, und
  ihre Farbe ist goldgelb.

MI MADRE *and* RITA HAYWORTH

Madre
por favor
baile como Rita Hayworth
que la hace llorar
en esas películas
donde vuela
con el talle mínimo y los hombros rectos
bajo la lluvia de celuloide

madre
píntese el cabello de rojo
baile para su público
desempolve por un rato los fantasmas
olvídese del hospital donde trabaja
sea usted su propia Rita Hayworth
deje que se queme el arroz
baile
dance maravillosamente
durante quince minutos históricos de su vida
quince minutos
con un fondo feliz de arroz achicharrado.

MEINE MUTTER *and* RITA HAYWORTH

Mutter
bitte
tanz wie Rita Hayworth
die dich zum Weinen bringt
in diesen Filmen
wo sie mit der Wespentaille
und den geraden Schultern
unter dem Zelluloid-Regen fliegt

Mutter
laß dein Haar rot färben
tanz für dein Publikum
hol kurz deine Träume aus der Mottenkiste
vergiß das Krankenhaus, wo du arbeitest
sei für dich Rita Hayworth
laß den Reis anbrennen
tanz
tanz hinreißend
fünfzehn historische Minuten deines Lebens lang
fünfzehn Minuten
mit einem glücklichen Bodensatz von
    angebranntem Reis.

MI MADRE BAILA CHA CHA CHÁ

Mi madre explota en el centro de la sala
baila como una llamarada
todas las melodías
todas las mujeres que vio en el cine
Ella es mambo
     bolero
         fantasía
ella es samba
     rock and roll
         locura
Ella es cha cha chá
Mi madre baila
     cha
         cha
            chá
un día antes de cumplir sesenta años

Mi madre en el centro de la sala
penetrada de slogans y películas americanas hasta
   por los codos
mi pobre madre
jugando a ser maravillosa
poniendo cara de Lana Turner para mí.

MEINE MUTTER TANZT CHA-CHA-CHA

Meine Mutter explodiert mitten im Raum
sie tanzt wie eine auflodernde Flamme
alle Melodien
alle Frauen, die sie im Kino sah
sie ist Mambo,
    Bolero
        Phantasie
sie ist Samba
    Rock and Roll
        Verrücktheit
sie ist Cha-Cha-Cha
meine Mutter tanzt
    Cha-
        Cha-
        Cha
einen Tag vor ihrem sechzigsten Geburtstag

Meine Mutter mitten im Raum
bis zu den Haarspitzen durchdrungen von
    Slogans und amerikanischen Filmen
meine arme Mutter
will wunderbar sein
und legt sich für mich das Gesicht Lana
    Turners zu.

TOBOGÁN

Hoy tuve un sueño
Marilyn Monroe se acercaba a mí
en un filme lleno de ansiedad
Marilyn Monroe me iba a besar

su piel desnuda
los ojos descalzos
la boca de flash
la nuca ténue
donde hoy crecen hierbas

Marilyn Monroe me vino a besar
somos sus novios del Tercer Mundo
a pesar de la distancia
la hemos besado con un poco de lluvia
con un poco de miedo

la hemos amado
aunque sea un símbolo distante
somos seres humanos

arrancamos la palabra Hilton
pero seguimos soñando
con Marilyn Monroe por el tobogán.

RUTSCHBAHN

Heute hatte ich einen Traum
Marilyn Monroe trat auf mich zu
in einem beklemmenden Film
Marilyn Monroe wollte mich küssen

Ihre nackte Haut
die barfüßigen Augen
der Blitzlichtmund
der feine Nacken
wo heute Gras wächst

Marilyn Monroe küßte mich
wir sind ihre Verlobten aus der Dritten Welt
trotz der Entfernung
wir haben sie mit ein wenig Regen geküßt
mit ein wenig Angst

Wir haben sie geliebt
obwohl sie ein fernes Symbol ist
wir sind menschliche Wesen

Wir reißen das Wort Hilton herunter
aber wir träumen weiter
von Marilyn Monroe auf der Rutschbahn.

TELEVISIÓN ASESINA

He perdido dos buenos amigos

formaban un matrimonio amistoso
hasta que se compraron uno de esos aparatos
donde la gente se mueve de un lado para otro

antes siempre nos estábamos divirtiendo
pero ahora te enseñan los colmillos
si les interrumpes esas películas viejas
que ponen por las noches

ya no hablan con uno
no te miran
no les interesa si mañana te vas para Groenlandia
o te nacieron frijoles en el pelo

yo tenía dos buenos amigos
la televisión me los mató.

FERNSEHEN MORDET

Ich habe zwei gute Freunde verloren

Sie waren ein befreundetes Ehepaar
bis sie sich einen von diesen Apparaten kauften
wo die Leute sich von einer Seite zur anderen
    bewegen

Vorher waren wir immer miteinander vergnügt
aber jetzt zeigen sie dir die Zähne
wenn du sie bei diesen alten Filmen störst
die man abends zeigt

Sie reden nicht mehr mit dir
sie sehen dich nicht an
es interessiert sie nicht, ob du morgen nach
    Grönland fährst
oder ob dir Bohnen auf dem Haar wachsen

Ich hatte zwei gute Freunde
das Fernsehen hat sie mir getötet.

TODOS FUIMOS GLOBOS DE COLORES

Alguien me amó
alguien no me amó
alguien mintió encima de mi sexo
el rostro adolescente
jugando al escondido del amor

alguien me amó
alguien no me amó
alguien mintió por joven
no por otra cosa

alguien me amó
alguien no me amó
adolescentes mentirosos
jugando al escondido del amor

todos fuimos globos de colores una vez.

WIR ALLE WAREN EINMAL
BUNTE LUFTBALLONS

Jemand liebte mich
jemand liebte mich nicht
jemand heuchelte über meinem Geschlecht
das jugendliche Anlitz
spielte mit der Liebe Versteck

Jemand liebte mich
jemand liebte mich nicht
jemand heuchelte, weil er jung war
und aus keinem anderen Grund

Jemand liebte mich
jemand liebte mich nicht
heuchlerische Jugend
spielte mit der Liebe Versteck

Wir alle waren einmal bunte Luftballons.

TEMA DE SIEMPRE

a Natasha

Siempre hay que despedir a alguien
oír como se cierra una puerta
sentir los pasos
perdiéndose en la tierra
sentir como te dejan
como son capaces de abandonarte

siempre hay que descubrir una traición
alguien que escapa a media noche
alguna nota »me fui«

hay que ser fuertes
oír como se cierra una puerta
y no mover un ápice del cuerpo
sentir los pasos del gran amor
perdiéndose en la tierra
y no mover un ápice del cuerpo

hay que saber habitar
una casa abandonada por la suerte.

DAS EWIGE THEMA

Für Natasha

Immer muß man von jemand Abschied
  nehmen
hören, wie eine Tür sich schließt
Schritten nachlauschen
die sich auf der Erde verlieren
hören, wie sie dich verlassen
fähig sind, dich zu verlassen

Immer muß man einen Verrat entdecken
jemanden, der sich um Mitternacht
  davonschleicht
eine Nachricht: »Ich bin gegangen«

Man muß stark sein
hören, wie eine Tür sich schließt
und bewegungslos verharren
Schritten der großen Liebe nachlauschen
die sich auf der Erde verlieren
und bewegungslos verharren

Man muß lernen, in einem Haus zu leben
das vom Glück verlassen ist.

YA CUMPLÍ 30 AÑOS

Ya cumplí 30 años
ya tuve amigos buenos y malos
ya me quemó la luz de algún cometa
tengo su paso tatuado en cualquier parte

todo parece historia común
luego resulta que fue excepcional

ya cumplí 30 años
ya me traicionaron

ya soy feliz.

Ich bin schon 30 Jahre alt
ich hatte schon Freunde, gute und schlechte
ich bin schon verbrannt vom Licht eines
    Kometen
seine Bahn ist mir in die Haut tätowiert

Anscheinend eine ganz alltägliche Geschichte
und doch auch wieder einmalig

Ich bin schon 30 Jahre alt
man hat mich schon verraten

Endlich bin ich glücklich.

PREFIERO EL HORROR

Un amor me dinamita los huesos
me asfixio frente a la cocina portátil
haciendo el café instantáneo de la mañana

cierta mañana en que amanecí sin oxígeno
sin motor
sin puerta de salida

prefiero la contaminación de mis manos
tocarlo todo
matar a mordidas
la mañana sin lluvia
mientras llueve dentro de mí
el horror del amor.

LIEBER IST MIR DER SCHRECKEN

Eine Liebe sprengt mir die Knochen
ich ersticke vor dem Elektrokocher
während ich am Morgen den Instantkaffee
    bereite

An einem Morgen, da ich ohne Sauerstoff
    erwachte
ohne Motor
ohne Tür nach draußen

Lieber mach ich die Hände mir schmutzig
ich will alles berühren
den regenlosen Morgen
mit den Zähnen zerreißen
indes es in mir
die Schrecken der Liebe regnet.

TELÉFONO SONANDO

A veces uno se va a matar
suena el teléfono
una llamada te salvó la vida

alguien del otro lado
diciendo que confía en ti
que hay mil locuras donde estás incluido
una voz tremenda como un hijo
defendiendo tu lugar en la vida

alguien que desconoce la muerte
no te creyó suicida.

DAS TELEFON LÄUTET

Manchmal will man sich töten
das Telefon läutet
ein Anruf rettet einem das Leben

Jemand am anderen Ende
sagt, daß er Vertrauen zu dir hat
daß es tausend Verrücktheiten gibt, und eine
    davon bist du
eine mächtige Stimme, wie die deines Kindes
verteidigt deinen Platz im Leben

Jemand, der den Tod ignoriert
hielt dich nicht für einen Selbstmörder.

UN BOLERO

Te quiero bajo al arco de la lluvia
no sabes cuanto te quiero

te quiero bajo el sol que azota los caminos
no sabes cuanto te quiero

te quiero en el silencio y en la espera
no sabes cuanto te quiero

te quiero lejos y cerca
te quiero aunque no me mires
aunque no vuelvas
no sabes cuanto te quiero.

EIN BOLERO

Ich liebe dich unter dem Regenbogen
du weißt nicht, wie sehr ich dich liebe

Ich liebe dich unter der Sonne, welche die
    Wege verbrennt
du weißt nicht, wie sehr ich dich liebe

Ich liebe dich in der Stille und beim Warten
du weißt nicht, wie sehr ich dich liebe

Ich liebe dich fern und nah
ich liebe dich, selbst wenn du mich nicht
    anschaust
selbst wenn du nicht zurückkehrst
du weißt nicht, wie sehr ich dich liebe.

ABANDONAR LA HABANA

Abandonar La Habana
abandonarla
dejarla húmeda
intacta
bajo la suave llovizna

abandonar La Habana
abandonarte
sin querer abandonarla.

HAVANNA VERLASSEN

Havanna verlassen
es verlassen
es im Nassen
    unberührt lassen
unter dem sanften Nieselregen

Havanna verlassen
dich verlassen
es wider Willen verlassen

LA CORISTA DE MONTERREY

La corista de Monterrey me mira
con una lentejuela de petróleo en la rodilla
el gesto seco de la boca
en un recodo de la zona rosa

pasen
señores
pasen
una corista se aburre
se cansa
se retuerce
en una ciudad de México
capital de los cerros y las grandes industrias
los grandes apellidos
los grandes negocios

pasen
señores
pasen
una corista me mira
a unos pasos del Holiday Inn Plaza
con la cicatriz de las pequeñas chozas
que vi abortadas en la autopista
donde los coches marchan
a la luz del progreso
los cerros
y las putas

DAS REVUEGIRL VON MONTERREY

Das Revuegirl von Monterrey schaut mich an
mit Pailletten aus Erdöl am Knie
den Mund zusammengekniffen
an einer Ecke in der Rotlichtzone

Herein
meine Herren
nur hereinspaziert
ein Revuegirl langweilt sich
ist müde
verrenkt sich
in einer Stadt Mexikos
Metropole der Gebirgsketten und
  Großunternehmen
der großen Familiennamen
der großen Geschäfte

Herein
meine Herren
nur hereinspaziert
ein Revuegirl schaut mich an
wenige Schritte daneben das Holiday Inn Plaza
und wie Narben die kleinen Elendshütten
hingespuckt an die Schnellstraßen
wo die Autos dahinrasen
im Lichte des Fortschritts
der Gebirge
und der Huren

pasen
señores
pasen
las pobres coristas en sus jaulas de plumas
semidesnudas
semidormidas
deseando que llegue el amanecer.

México 1985

Herein
meine Herren
nur hereinspaziert
die armen Revuegirls in Käfigen,
    daunengepolstert
halb nackt
halb schlafend
voll Sehnsucht nach dem Tagesanbruch.

Mexiko 1985

MORIR RÁPIDO EN CIUDAD MÉXICO

Era un hombre alto y delgado
con sonrisa de niño
que nos sirvió una comida que ahora no recuerdo
y puso música de ópera en el tocadiscos

ahora ese hombre está muerto
la comida se heló en nuestros corazones
como una costra de grasa
que no podremos quitarnos

ahora ese hombre está en la memoria
de una noche donde apenas recordamos
el color de los muebles
una gran ventana bordeando la calle Mississippi
la calle donde no volveremos a encontrarnos

a ese hombre no lo mató un balazo solamente
lo mató su ventana llena de reflejos
lo mató el metro
lo mató la llamarada de los tragafuegos
lo mató el rostro contaminado de la ciudad más
    poblada del mundo

SCHNELLER TOD IN MEXIKO-STADT

Es war ein großer, schlanker Mann
mit einem Kinderlächeln
der uns ein Mahl servierte, an das ich mich jetzt
   nicht erinnere
er legte eine Platte mit Opermusik auf

Jetzt ist der Mann tot
das Mahl gefror uns im Herzen
eine Ablagerung, ein Fettgrind
den wir nicht mehr loswerden

Jetzt erinnern wir uns beim Gedanken an jene
   Nacht
immer auch an den Mann und wissen dabei
kaum mehr die Farbe der Möbel
ein großes Fenster, auf die Mississippi-Street
   hinaus
auf der wir uns nicht wiedersehen werden

Den Mann da tötete nicht nur eine Kugel
ihn tötete sein Fenster voller Lichtreflexe
ihn tötete die Metro
ihn tötete die Flamme der Feuerschlucker
ihn tötete das Schmuddelgesicht der
   menschenreichsten Stadt der Welt

así fueron las cosas
esas son las pruebas que cuelgan del techo
como el ojo disecado
del hombre de la calle Mississippi
que cenó tiernamente con nosotros
puso música de ópera
y no pensó morir tan rápido.

So war das
dies sind die glasklaren Beweise
wie das gebrochene Auge
des Mannes aus der Mississippi-Street der
    liebevoll mit uns zu Abend speiste
er legte Opernmusik auf
und dachte nicht daran, so bald zu sterben.

LA MEMORIA MALDITA

Lo terrible no es entregarle un brazo al
cirujano
lo terrible es la memoria de que uno tuvo
un brazo

lo terrible no es enterrar a un hijo
lo terrible es la memoria de que uno tuvo
un hijo

lo terrible no es perder la infancia
lo terrible es que uno tuvo una infancia
una casa llena de gente
un velocípedo en el patio

lo terrible no es que te abandonen
lo terrible es la memoria de que uno estuvo
acompañado.

UNSELIGE ERINNERUNG

Furchtbar ist nicht, einen Arm beim
    Chirurgen zu lassen
furchtbar ist die Erinnerung, daß man einen
    Arm hatte

Furchtbar ist nicht, ein Kind zu begraben
furchtbar ist die Erinnerung, daß man ein
    Kind hatte

Furchtbar ist nicht, daß die Kindheit schwindet
furchtbar ist, daß wir eine Kindheit hatten
eine Wohnung voller Menschen
im Hof ein Dreirad

Furchtbar ist nicht, daß man verlassen wird
furchtbar ist die Erinnerung, daß man einmal
    nicht allein war.